ITINÉRAIRES JURASSIENS

Églises romanes du Jura

Cliché P. Blandin CRMH

Eliane Vergnolle

Centre Jurassien du Patrimoine

ITINÉRAIRES JURASSIENS

LES ÉGLISES ROMANES DU JURA

Les vagues de reconstruction de la fin du Moyen Âge et du XVIIIe siècle ont fait disparaître un grand nombre d'églises romanes du Jura. Il ne faut cependant pas confondre rareté et pauvreté. Les édifices qui subsistent témoignent au contraire, tant par la cohérence des recherches architecturales que par l'originalité des solutions adoptées, du dynamisme qui se manifesta dans la région au cours du XIe siècle. Ainsi, malgré l'ampleur des pertes, le Jura possède-t-il encore l'un des groupes d'églises les plus représentatifs des débuts de l'art roman, groupe dont l'intérêt historique a été depuis longtemps reconnu.

Le comté de Bourgogne, entre France et Empire

L'actuel département du Jura faisait partie, à l'époque romane, du comté de Bourgogne, dont les limites correspondaient peu ou prou à celles de la Franche-Comté moderne. Tiraillé entre le royaume de France, avec lequel il partageait langue et culture, et le Saint-Empire romain germanique, dont il dépendit pendant de longues périodes, le comté devait jusqu'à la fin du Moyen Âge connaître une histoire mouvementée. Celle-ci commença en 1002, lorsqu'après la mort du duc de Bourgogne Henri, son gendre Otte-Guillaume dut renoncer au titre ducal et à ses prétentions sur les terres situées à l'ouest de la Saône, et se replier sur ses possessions d'outre-Saône. En 1032, le comté devait, à l'issue d'une brève guerre de succession, être rattaché à l'Empire ; mais l'autonomie relative dont ils

ITINÉRAIRES JURASSIENS

bénéficiaient permit aux comtes d'affirmer leur autorité, voire de manifester des velléités d'indépendance, à l'instar de Renaud III, surnommé le "franc comte" par l'historiographie médiévale. Ainsi, alors qu'au cours du XIIe siècle, beaucoup de principautés territoriales virent leur prestige diminuer, on assista dans le comté de Bourgogne à un renforcement croissant du pouvoir princier. Cette politique de la dynastie comtale allait de pair avec une diminution progressive des contacts avec le duché de Bourgogne, sans que, pour autant, les liens se resserrent avec l'Empire. Peu à peu, le comté s'était installé dans une position "d'entre deux" qui devait favoriser le développement de forts particularismes.

Le Jura, terre d'ermites et de moines

Le relief du Jura, dont les plateaux qui s'étagent d'ouest en est jusqu'aux cols de l'actuelle frontière avec la Suisse ne favorisent guère les communications transversales, fut dès le début du christianisme l'une des terres d'élection des ermites. En effet, traversé seulement dans sa partie nord par la route romaine reliant les régions de l'Europe du nord-ouest à l'Italie par le col du Grand-Saint-Bernard, et longé du côté ouest par celle qui, à travers la

*Baume-les-Messieurs,
vue de l'abbaye dans la reculée*
Cliché J.-L. Mathieu

plaine de Bresse, conduisait des vallées du Rhône et de la Saône à la Rhénanie, le massif jurassien constituait, par l'isolement de certains de ses sites, un lieu privilégié pour ceux qui recherchaient la solitude du "désert". Les reculées, notamment, qui, comme celle de Baume-les-Messieurs, entament le plateau et offrent une barrière naturelle au monde environnant, favorisaient de telles installations.

Dès le début du Ve siècle, Désiré s'établit à Lons-le-Saunier, où existait sans doute déjà une petite communauté chrétienne. Dans la seconde moitié du même siècle, Romain et son frère Lupicin, bientôt rejoints par Oyend, fondèrent plusieurs communautés monastiques dont certaines, comme celle de Condat (Saint-Claude) ou de Romainmôtier, dans le Jura suisse, devaient connaître un essor considérable au cours des siècles suivants. Leur action, relatée dans la *Vie des Pères du Jura*, est remarquablement documentée. En revanche, on sait peu de choses sur Hymetière et Maur, à peine plus sur un pèlerin nommé Anatoile, qui se retira à Salins. La *Vie de saint Lothain* nous apprend que celui-ci, venu d'Autun en quête d'un lieu pour réaliser son rêve de vie érémitique, créa deux communautés. Les reliques de ces saints personnages firent bientôt l'objet d'un culte. On éleva pour les vénérer des églises qui devaient être reconstruites et agrandies ultérieurement mais dont le vocable conserve le souvenir des fondateurs : Saint-Désiré de Lons-le-Saunier, Saint-Lothain, Saint-Hymetière, Saint-Maur,

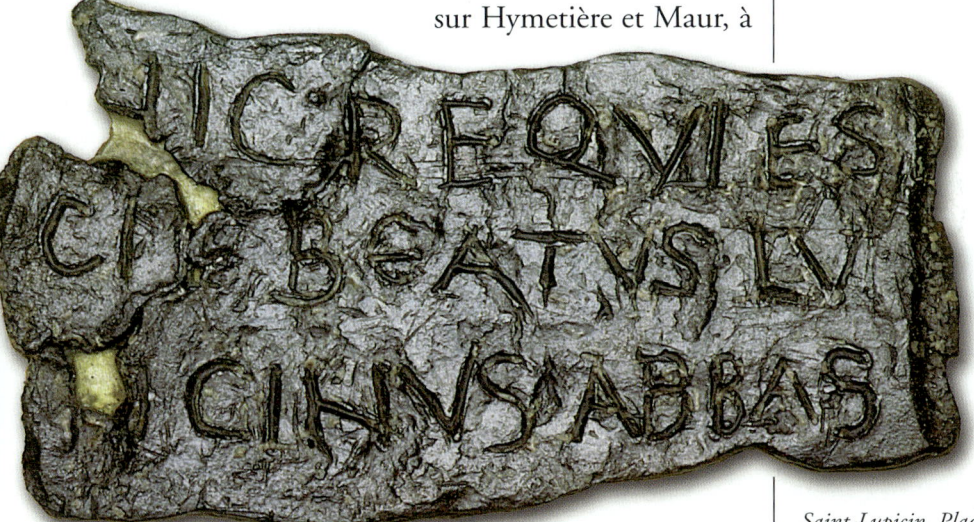

Saint-Lupicin. Plaque de plomb découverte en 1689 dans le soubassement de l'autel et portant l'inscription : HIC REQUIESCIT BEATUS LUPICINUS ABBAS.
Cliché C. Huyghens

Saint-Anatoile de Salins, Saint-Oyend (première église abbatiale de Saint-Claude), la chapelle Saint-Romain...

Le deuxième temps fort de l'histoire religieuse du Jura se situe à la fin de l'époque carolingienne, lorsque, vers 890, Bernon, venu lui aussi d'Autun, expérimenta à Gigny, où il possédait des terres, puis à Baume-les-Messieurs, une réforme de la règle bénédictine qu'il devait, en 909, appliquer à Cluny dont il fut le premier abbé. On connaît le succès de cette réforme monastique qui, au cours du XIe siècle, allait se diffuser dans l'Europe entière. Cependant, les relations entre Cluny et les abbayes du Jura dont elle était issue devinrent rapidement conflictuelles. Les établissements dépendants directement de l'abbaye bourguignonne, tels Vaux-sur-Poligny ou Mouthier-Hautepierre, ne furent jamais très nombreux outre-Saône, tandis que Gigny et Baume, qui bénéficièrent largement de la protection des comtes de Bourgogne, accroissaient leur emprise dans le diocèse de Besançon (Saint-Lothain et Mouthier-en-Bresse, confiés à Bernon dans les premières années du Xe siècle, Lons, Saint-Maur, Ilay, Poitte, Dole, Jouhe, Scey, etc.).

Si l'on tient compte du développement d'abbayes plus anciennes, comme Saint-Claude (dont dépendaient notamment les églises de Saint-Lupicin et Saint-Just d'Arbois) ou contemporaines de la fondation de Baume et de Gigny, comme Château-Chalon, on assiste, vers la fin du XIe siècle, à une indéniable saturation de l'espace. Sans doute est-ce l'une des raisons pour lesquelles, au XIIe siècle, les nouveaux ordres monastiques pénétrèrent difficilement dans le Jura, alors que les fondations des cisterciens ou des chanoines réguliers ayant adopté la règle de saint Augustin se multipliaient

Vue aérienne du lac d'Ilay.
Cliché H. Bertand U.R.A.C.

dans la partie nord du comté. Seule exception notable : les chartreux, dont l'abbaye de Saint-Claude favorisa l'implantation dans sa zone d'influence (Vaucluse, vers 1139-1140, Bon-Lieu vers 1170).

Une efflorescence architecturale précoce

Le Jura conserve un groupe exceptionnellement important d'églises édifiées au cours du XIe siècle. Ces monuments, témoins matériels de l'intense activité qui se manifesta d'une manière générale en Occident à cette époque, présentent d'autant plus d'intérêt que, dans beaucoup de régions, cette phase de l'architecture romane est, pour diverses raisons, mal documentée.

Plusieurs églises jurassiennes du XIe siècle sont conservées en tout ou partie, et non des moindres, puisque l'on compte parmi elles les abbatiales de Gigny et de Baume-les-Messieurs, les priorales de Saint-Lothain, Saint-Désiré de Lons-le-Saunier, Saint-Maur, Saint-Just d'Arbois, Saint-Lupicin et Saint-Hymetière (dépendant de Saint-Vincent de Mâcon). L'église abbatiale de Saint-Claude, détruite au XVIIIe siècle, appartenait à la même période, comme celle du prieuré Saint-Vincent d'Ilay, récemment retrouvée en fouilles. Aucune église de paroisse rurale de cette période ne nous est parvenue, mais cette absence ne doit pas étonner. Ces édifices modestes, souvent bâtis pauvrement, furent généralement reconstruits à la fin du Moyen Âge si ce n'est à l'époque moderne, au fur et à mesure de l'enrichissement des communautés villageoises et de la croissance démographique. On ne trouve pas davantage de collégiale parmi ces édifices du XIe siècle, ni de cathédrale -mais cela va de soi, puisque l'évêché de Saint-Claude ne fut créé qu'au XVIIIe siècle. Tous les édifices conservés appartenaient donc à des établissements monastiques obéissant à la règle

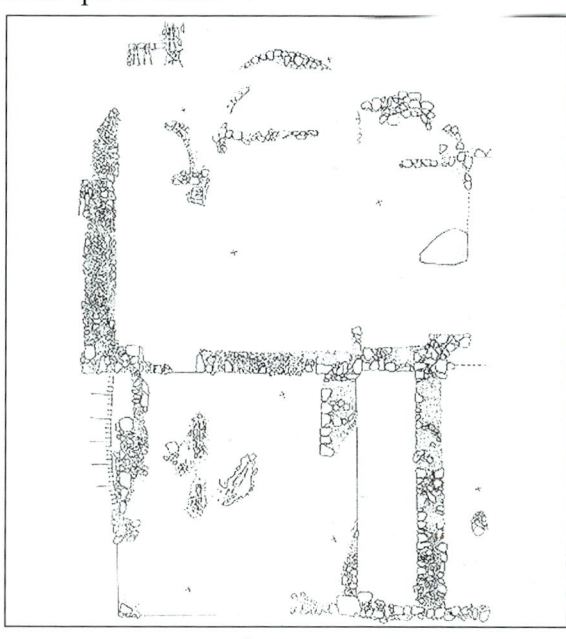

Plan des substructures de l'église du prieuré Saint-Vincent découvertes en 1990 sur un îlot du lac d'Ilay. Cet édifice de dimensions modestes, qui était probablement charpenté, à l'exception de ses trois chapelles semi-circulaires sans doute couvertes d'une voûte en cul-de-four, est difficile à dater précisément d'après les seuls vestiges architecturaux. Les datations par radiocarbone effectuées sur les inhumations indiquent des dates comprises entre 1034 et 1066.
(Cf. J.-L. Mordefroid dans Eclats d'Histoire, p. 356-360)

ITINÉRAIRES JURASSIENS

Poligny, Notre-Dame de Mouthier-Viellard, pile de la travée sous clocher. L'église de Mouthier-Viellard, quelque peu délaissée après le transfert de la paroisse dans la nouvelle église Saint-Hippolyte au XVe siècle, ne conserve plus que quelques travées. Cette travée est délimitée par des piles quadrangulaires couronnées d'impostes qui présentent des caractères très archaïques et constituent sans doute l'un des plus anciens vestiges romans du Jura.
Cliché É. Vergnolle

bénédictine et, à l'exemple de Gigny et de Baume, largement touchés par l'esprit de réforme.

L'unité architecturale du groupe d'édifices concernés est frappante. Tous sont construits dans le même petit appareil de moellons plus ou moins équarris, noyés dans un abondant mortier. Certes, selon qu'il s'agit de l'église d'une grande abbaye ou de celle d'un prieuré, l'ambition du parti diffère, mais on retrouve partout la même recherche de simplicité dans les plans et les structures. Tandis que le chevet de l'abbatiale de Gigny appartenait au type à cinq chapelles échelonnées défini au début de l'art roman, les autres édifices restaient fidèles à la tradition déjà ancienne d'une simple abside encadrée de deux absidioles dont l'ampleur pouvait cependant varier quelque peu (long chœur entre deux chapelles profondes à Baume-les-Messieurs, abside semi-circulaire entre deux petites chapelles de même plan à Saint-Lothain). Seules les églises de Saint-Lothain et de Saint-Désiré de Lons-le-Saunier possédaient une crypte pour abriter les reliques du saint fondateur, mais presque toutes - à l'exception de Saint-Maur- étaient dotées d'un transept plus ou moins développé, comportant ou non une croisée. En revanche, on trouve partout une nef à trois vaisseaux de type basilical d'une certaine ampleur.

Premiers essais de voûtement

Le vaisseau central de la plupart de ces nefs était, à l'origine, couvert d'une charpente. Ces dispositions primitives ont cependant partout disparu. En effet, dès le XIIIe siècle dans certains cas, à l'époque classique dans d'autres, on remplaça la charpente du vaisseau central par des voûtes, véritables ou factices, qui nécessitèrent généralement une reprise des parties hautes des murs et

ÉGLISES ROMANES DU JURA

entraînèrent d'importantes modifications spatiales. En revanche, les bas-côtés, souvent couverts dès l'origine de voûtes d'arêtes, subirent moins de transformations.

L'adoption d'un voûtement de pierre pour les bas-côtés constitue une rupture avec le passé, car depuis l'époque paléochrétienne, haut-vaisseau et bas-côtés des basiliques étaient normalement charpentés. Cet intérêt pour le voûtement même partiel des églises, qui était loin d'être général au début de l'époque romane, révèle un aspect novateur de la réflexion des architectes. On peut, de ce point de vue, distinguer deux groupes d'édifices dans le Jura : ceux qui, à l'instar de la cathédrale disparue de Saint-Claude, comportaient des nefs entièrement charpentées, comme Saint-Just d'Arbois et Saint-Lupicin, et ceux, plus nombreux dont les bas-côtés furent voûtés dès la construction (Baume-les-Messieurs, Gigny, Saint-Hymetière, Saint-Désiré de Lons-le-Saunier, etc.).

Baume-les-Messieurs, vue intérieure du bas-côté sud de la nef.
Cliché E. Vergnolle

Certains architectes allèrent plus loin, en tentant de voûter l'ensemble des parties orientales. Ainsi, à Gigny, Saint-Lupicin et Saint-Hymetière, la croisée du transept est-elle couverte d'une coupole sur trompes, tandis que les bras du transept sont, comme le chœur, voûtés en berceau plein cintre. Ces essais de voûtement de la croisée du transept, que l'on peut situer vers le milieu du XIe siècle, n'avaient été précédés que par quelques timides tentatives ici et là. Aussi comptent-ils, avec quelques autres exemples, comme celui, voisin, de Romainmôtier, parmi les plus représentatifs de cette phase expérimentale. À Saint-Lupicin, la coupole s'élève prudemment au-dessus de plusieurs arcs en porte-à-faux qui permettent de réduire son diamètre et assurent un équilibre satisfaisant à l'ensemble, mais à Saint-Hymetière

ITINÉRAIRES JURASSIENS

Saint-Hymetière, l'abside.
Cliché J.-L. Mathieu

et, surtout, à Gigny, les architectes prirent davantage de risques -d'où les désordres ultérieurs.

Divers indices permettent de supposer que l'architecte de Saint-Hymetière avait également tenté de lancer une voûte en berceau plein cintre sur le vaisseau central de la nef, suivant l'exemple donné par quelques édifices de la vallée de la Saône (avant-nef de Saint-Philibert de Tournus, nefs de Chapaize et de Saint-Martin de Laives).

Pour des raisons qu'il est difficile de déterminer, les recherches sur le voûtement qui, en France et même dans certaines régions de l'Empire comme l'Alsace et la Lorraine, ne cessèrent de se développer au XIIe siècle, semblent avoir été abandonnées en Franche-Comté dès la fin du XIe siècle. Cet abandon est d'autant plus remarquable que certains architectes du Jura avaient, dans les années 1040-1060, été à l'avant-garde de ces recherches.

Une architecture sobre et puissante

Tandis que dans une large partie de la France se développait, au cours du XIe siècle, une nouvelle réflexion sur la structure murale, caractérisée par un goût croissant pour les colonnes engagées rythmant les parois intérieures, les architectes du Jura restèrent remarquablement fidèles aux murs inarticulés qui étaient de règle depuis les débuts de l'architecture chrétienne et qui réservaient entre les grandes arcades du rez-de-chaussée et les fenêtres hautes de vastes et belles surfaces planes destinées aux décors peints. La disparition de ces derniers ne nous permet plus d'apprécier l'effet de ces élévations dont la sobriété architecturale pouvait être atténuée par le jeu des couleurs et par l'éventuelle présence de cycles d'images.

ÉGLISES ROMANES DU JURA

Le refus des travées scandées de colonnes engagées allait de pair avec celui de la pile composée. Seule la crypte de Saint-Lothain présente des piles constituées d'un noyau quadrangulaire cantonné de quatre colonnes engagées, piles qui reçoivent les retombées des voûtes et des arcs. On discerne encore à la croisée du transept de Gigny, derrière les renforts ultérieurs, la présence de piles composées, mais les autres croisées de transept comportaient des supports de forme simple, plus ou moins identiques à ceux des nefs.

Dans celles-ci, les grandes arcades en plein cintre à arête vive qui séparent le haut-vaisseau des bas-côtés reposent sur des piles maçonnées, construites en petit appareil et dépourvues de chapiteau. Celles de Saint-Hymetière, de plan circulaire et couronnées d'impostes en faible saillie, reprennent les solutions adoptées à la nef et à l'avant-nef de Saint-Philibert de Tournus. Dans les autres édifices, où les piles sont tantôt de plan carré, tantôt de plan circulaire, tantôt de plan octogonal, les comparaisons conduisent plutôt vers l'arc alpin. Les piles de même plan sont généralement disposées de manière symétrique, de part et d'autre du haut-vaisseau, sans qu'on puisse déceler de véritable système dans leur répartition.

Baume-les-Messieurs, pile de la nef, détail : "chapiteau" maçonné.
Cliché E. Vergnolle

En effet, si dans quelques édifices (Arbois, Saint-Lupicin), on observe une alternance systématique entre piliers carrés et piliers circulaires, la plupart des architectes ont préféré des rythmes moins réguliers qui modulent discrètement l'espace intérieur. Le passage des supports aux murs et aux retombées des arcs s'effectue également de manière fluide. Dans les piles de plan carré, la continuité des plans est parfaite. Dans les piles de plan circulaire ou octogonal, c'est la maçonnerie elle-même qui assure une transition progressive du fût au mur, par l'intermédiaire de plans biais. Cette solution n'est pas propre aux églises du Jura. Elle se retrouve, jusqu'à une date plus ou moins avancée du XIe siècle,

ITINÉRAIRES JURASSIENS

dans nombre d'édifices de la vallée du Pô ou du Languedoc aussi bien qu'en Bourgogne ducale, avec quelques variantes dans le traitement des volumes. On comprend aisément les raisons du succès de cette formule, qui ne fait pas appel à la sculpture mais confère aux supports une forte valeur plastique.

L'adoption d'un même type d'élévation et d'un même système de piles n'était pas incompatible avec la recherche d'une certaine diversité dans les rythmes et les proportions. Parfois, les fenêtres hautes simplement ébrasées vers l'intérieur sont rigoureusement superposées aux grandes arcades, et la régularité s'impose ; parfois, au contraire, le désaxement entre les unes et les autres, fréquent dans les nefs du haut Moyen Âge, brouille les rythmes. Dans certains édifices, les fenêtres sont ouvertes dans la partie supérieure des parois ; dans d'autres, elles sont placées plus près des grandes arcades. Les baies elles mêmes, amples dans telle nef, sont de dimensions réduites dans telle autre. Certaines piles, enfin, larges et trapues, expriment la stabilité, tandis que d'autres, plus élancées, traduisent une recherche de légèreté, sans que le choix des proportions soit justifié par une charge plus importante pour les premières que pour les secondes, dans des hauts-vaisseaux charpentés dont les murs sont relativement minces.

*Saint-Lothain,
vue extérieure de l'abside,
détail : décor de lésènes*
Cliché J.-L. Mathieu

ÉGLISES ROMANES DU JURA

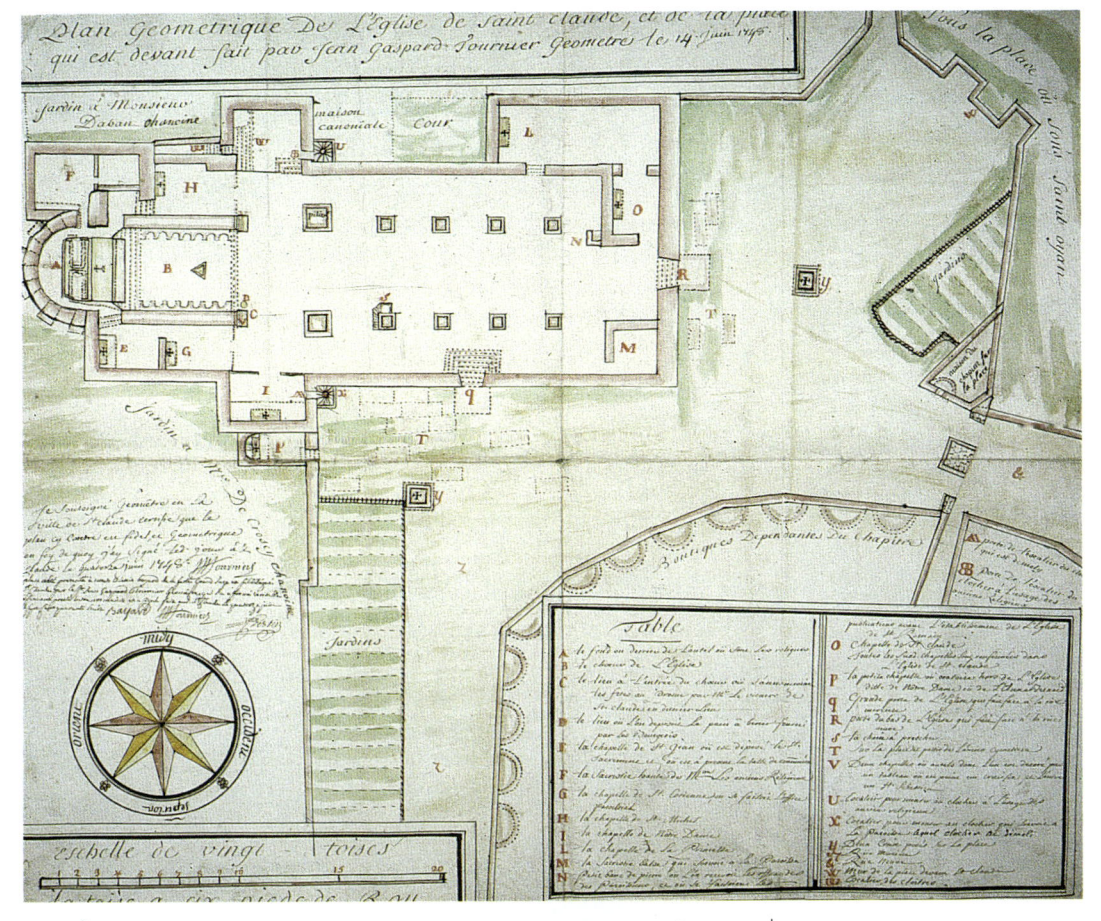

Ancienne abbaye de Saint-Claude, plan de l'église Saint-Claude levé en 1753 par Jacques-Joseph Tournier avant sa destruction.
Cliché Archives Départementales du Jura, 2H137

À l'extérieur, les surfaces murales sont souvent rythmées par un décor de petites arcatures murales réunies par de minces bandeaux verticaux. Ce système décoratif, désigné souvent par le terme de "bandes lombardes" en raison de son origine supposée, connut un succès durable dans une large partie de l'Europe du XIe siècle, de l'Italie du Nord à la moyenne vallée du Rhin, et sur le pourtour méditerranéen, jusqu'à la Catalogne. Ces "bandes lombardes" ou, plutôt, ces lésènes comme on tend désormais à les appeler, ne jouent aucun rôle structurel et ne peuvent être assimilées à des contreforts - avec lesquels elles sont parfois associées. Il s'agit seulement d'un décor mural en faible saillie, qui accroche la lumière, contribuant ainsi à rythmer les parois et à nuancer les volumes externes en enveloppant l'édifice d'un réseau plus ou moins dense. On en trouve d'importants vestiges à Saint-Hymetière, à Saint-Lothain et à Saint-Lupicin, des traces seulement à Baume-les-Messieurs et à Lons-le-Saunier. Ailleurs, la reprise des parements externes à des dates variables ne permet plus d'en juger. À Saint-Hymetière, comme dans quelques exemples bourguignons, un décor de petits arcs souligne également, à l'intérieur de l'édifice, le départ de la voûte en cul-de-four de l'abside et de la coupole. Cet emploi, s'il confirme l'existence de liens particuliers entre l'architecture de Saint-Hymetière et celle de la Bourgogne ducale, devait cependant demeurer exceptionnel.

Le temps suspendu

Les éléments permettant de dater ces divers édifices sont peu nombreux. Les seuls renseignements fournis par les textes concernent des édifices disparus, comme l'église Saint-Anatoile de Salins édifiée entre 1000 et 1015 par les soins des parents de l'archevêque de Besançon Hugues de Salins (1033-1060), ou celle du prieuré de Vaux-sur-Poligny, consacrée sans doute avant 1026. L'abbatiale de Saint-Claude, reconstruite à l'initiative de l'abbé Gauceran (1015-1033) et dédicacée en 1039 est heureusement connue par quelques descriptions et plans antérieurs à sa destruction, au XVIIIe siècle. Elle comportait une nef à trois vaisseaux charpentés dont les grandes arcades reposaient alternativement sur un pilier carré et un pilier circulaire, un transept assez peu saillant dont la croisée était surmontée d'un clocher, une abside précédée d'une travée droite de chœur et encadrée de deux absidioles, ainsi qu'une crypte. Elle présentait donc des dispositions très comparables à celles de plusieurs des édifices conservés, mais à la différence de la plupart d'entre eux, sa nef comportait des bas-côtés charpentés. Par ailleurs, des comparaisons avec des édifices relativement bien datés, tels que Saint-Philibert de Tournus et Chapaize pour la Bourgogne ou Romainmôtier pour le Jura suisse, ne permettent guère de situer les expériences sur le voûtement de Gigny, Saint-Hymetière et Saint-Lupicin avant le milieu du XIe siècle.

Il est cependant difficile de discerner une évolution des partis architecturaux et des

La Loye,
église Saint-Jean-Baptiste, clocher.
Cliché L'Architecture Graphique

ÉGLISES ROMANES DU JURA

techniques de construction au sein d'un groupe d'édifices aussi homogène, et les critères qui permettraient d'établir une chronologie relative sont peu apparents. Tout au plus quelques indices suggèrent-ils que les modes initiées au cours du second quart du XIe siècle ont pu perdurer jusqu'à la fin du siècle et même au-delà. Ainsi, le clocher de La Loye, seul vestige de l'église construite peu après 1087, présente-t-il un décor de lésènes très comparable à celui des édifices plus anciens. Seul l'appareil, plus régulier et constitué de pierres mieux taillées, révèle une certaine évolution technique.

Au-delà de ces permanences, tout semble indiquer que la vague de reconstructions engagée dès avant le milieu du XIe siècle fut suivie d'un ralentissement sensible de l'activité architecturale. C'est au cours de cette phase que les solutions élaborées précédemment semblent s'être figées. Les rares édifices mis en chantier vers le milieu du XIIe siècle reflètent cette situation paradoxale. L'église paroissiale Saint-Pierre de Château-Chalon ne diffère guère des constructions du siècle précédent, si ce n'est par la présence, sur le vaisseau central, d'une voûte sur croisée d'ogives et, dans le chœur, de chapiteaux conformes au goût du jour. Mais cette adoption d'un type de voûte généralement associé à la diffusion de l'art gothique ne préfigurait pas la conversion des architectes du Jura au nouvel art de bâtir. Il faudra attendre le second quart du XIIIe siècle pour que les traditions romanes s'effacent, non sans une longue résistance, comme en témoignent la chapelle Saint-Romain ou l'église d'Orchamps dont seuls quelques éléments du décor trahissent la date.

Cette longue fidélité aux formes traditionnelles ne reflétait pas seulement l'affirmation d'un particularisme. Elle fut sans doute largement favorisée par le développement, à partir

Chapelle Saint-Romain, vue extérieure, depuis le nord-est. C'est dans ce site montagneux, alors nommé La Balme, que Romain et Lupicin créèrent une communauté monastique au Ve siècle. L'église actuelle, construite au début du XIIIe siècle alors que l'établissement n'était plus qu'un modeste prieuré, comporte une nef unique et un chœur quadrangulaire voûtés d'un berceau brisé. Les étroites fenêtres en arc brisé trahissent seules l'appartenance de l'édifice à l'époque gothique
Cliché J. Cuaz

ITINÉRAIRES JURASSIENS

des années 1120, d'un ardent esprit de réforme religieuse stimulé par l'archevêque de Besançon Anséri. La volonté de retrouver l'idéal de vie des premiers temps chrétiens s'accompagna alors souvent du désir d'en restaurer le cadre architectural. Ainsi, les chanoines qui s'établirent à Courtefontaine et y édifièrent une église au cours du troisième quart du XIIe siècle, firent-ils le choix anachronique d'un édifice entièrement charpenté, dont la structure, les volumes et les supports reprennent des solutions du haut Moyen Âge. L'austérité qui caractérise la plupart des constructions de l'art roman tardif dans le Jura prend tout son sens dans ce contexte.

Courtefontaine, église Notre-Dame, portail occidental, détail : chapiteaux à feuilles lisses.
Ces chapiteaux, très proches de ceux de l'abbaye cistercienne de Bonmont (canton de Vaud), révèlent le goût des chanoines réformés selon la Règle de saint Augustin pour des formes épurées répondant à leur idéal d'ascétisme.
Cliché G. Melot

Baume-les-Messieurs, dépôt lapidaire, chapiteau double :
le Christ au milieu des Apôtres. Cette œuvre, comme les autres chapitaux conservés dans la dernière travée orientale du bas-côté nord de l'église, provient peut-être du cloître de l'abbaye.
Il s'agit de l'une des rares sculptures historiées du Jura qui nous soit parvenue.
Cliché Service régional de l'Inventaire Général - DRAC Franche-Comté

ÉGLISES ROMANES DU JURA

Dix églises romanes du Jura

Arbois
Baume-les-Messieurs
Château-Chalon
Courtefontaine
Gigny
Saint-Désiré à Lons-le-Saunier
Saint-Hymetière
Saint-Lothain
Saint-Lupicin
Saint-Maur

ITINÉRAIRES JURASSIENS

Arbois, Saint-Just, vue intérieure. Cliché M. Ménestrier, CDT du Jura

Arbois

Église Saint-Just

À l'ombre du clocher, construit de 1528 à 1530, dont la superbe masse témoigne de la prospérité d'Arbois en ce début du XVIe siècle, s'élève l'église Saint-Just. Celle-ci est mentionnée, parmi les possessions de l'abbaye de Saint-Claude, dans un acte de l'archevêque de Besançon Hugues III (1085-1101). Les bâtiments du prieuré, aujourd'hui disparus, s'étendaient au sud de l'église, dont une partie faisait également fonction de paroissiale depuis le XIIIe siècle.

L'église du XIe siècle, dont la nef a conservé ses piles trapues de plan alternativement circulaire et quadrangulaire comme ses grandes arcades en plein cintre, fut au cours du XIIIe siècle, l'objet de rénovations successives qui comportèrent notamment la construction, à l'ouest, de deux nouvelles travées surmontées d'une tribune et le voûtement d'ogives du vaisseau central. En effet, les trois vaisseaux de la nef romane étaient auparavant couverts d'une simple charpente. La mise en place des voûtes entraîna la surélévation des murs du haut-vaisseau, l'incrustation dans ces mêmes murs de colonnes engagées surmontées de chapiteaux à crochets et le percement de nouvelles fenêtres à un niveau supérieur à celui des fenêtres du XIe siècle, dont on peut apercevoir les traces en plusieurs endroits.

À partir du milieu du XIVe siècle, des chapelles furent ouvertes au nord et au sud de la nef. Leurs fenêtres, en particulier du côté nord,

Arbois, Saint-Just, plan. D'après R. Tournier

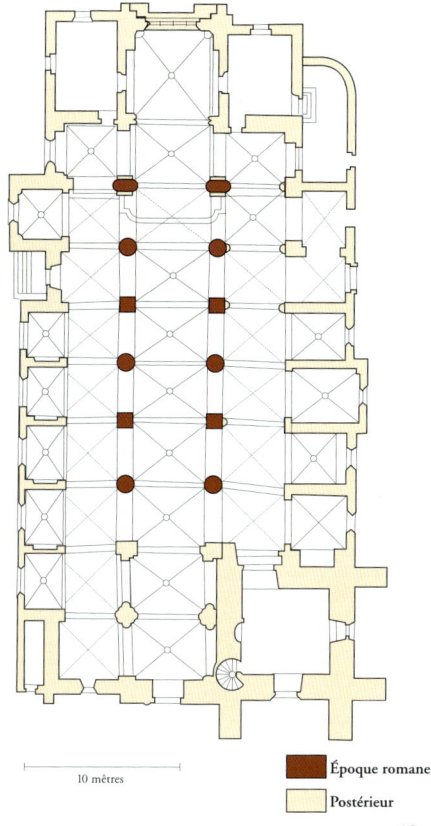

où les quatre premières chapelles furent construites grâce aux dons de Philippe d'Arbois, évêque de Tournai, sont dotées d'élégants réseaux.

Les parties orientales de l'église romane furent encore plus bouleversées. Le chœur actuel est également l'œuvre du XIIIe siècle, mais l'immense verrière de son mur oriental est une réalisation de Pierre de la Baume, prieur de Saint-Just dans le second quart du XVIe siècle. Les fouilles de 1948 ont permis de retrouver les fondations de l'abside semi-circulaire du XIe siècle, en retrait de 2,75 m par rapport au mur gothique.

Au niveau de la neuvième travée du haut-vaisseau, les piles plus fortes et les arcades plus amples que celles des travées précédentes témoignent encore aujourd'hui de l'existence, au-devant de l'abside romane que précédait une courte travée droite, d'un transept non saillant sur les bras duquel s'ouvraient probablement deux absidioles semi-circulaires, remplacées au XVIe siècle par les chapelles actuelles.

En dépit de l'absence de textes permettant de préciser la date de la campagne romane de construction de Saint-Just, il n'est pas douteux que celle-ci est antérieure à la fin du XIe siècle. L'acte de l'archevêque Hugues III déjà mentionné indique d'ailleurs, malheureusement sans autres précisions, que l'église avait déjà été donnée par ses prédécesseurs à l'abbaye de Saint-Claude. Parmi les indices qui militent en faveur d'une date relativement haute, on peut citer la couverture en charpente, non seulement du vaisseau central de la nef en dépit de sa largeur à peine supérieure à 5 m, mais surtout des bas-côtés de cette même nef dont les voûtes d'arêtes actuelles ne sont pas antérieures au XIIIe siècle. Le désaxement, par rapport aux grandes arcades, des petites fenêtres du haut-vaisseau aujourd'hui obturées, va dans le même sens. En revanche, la qualité de l'appareil dont la taille est plus régulière que dans d'autres édifices francs-comtois du XIe siècle, invite plutôt à proposer une date entre 1060 et 1080.

Pour conclure, il convient d'attirer l'attention du visiteur sur quelques-uns des éléments les plus remarquables

ÉGLISES ROMANES DU JURA

du décor et du mobilier de Saint-Just, et notamment sur la très belle Vierge à l'Enfant en pierre du XIVe siècle, sur l'orgue et la chaire du XVIIIe siècle, sans oublier, à l'extérieur, la fresque du XVe située au-dessus du petit portail des années 1200 qui s'ouvre dans la septième travée du bas-côté nord.

Arbois, Saint-Just, clocher. Cliché P. Blandin, CRMH

ITINÉRAIRES JURASSIENS

Baume-les-Messieurs, église Saint-Pierre, vue intérieure de la nef. Cliché R. Toussaint, CDT du Jura

Baume-les-Messieurs
Église Saint-Pierre

On ne peut imaginer site plus favorable à une vie monastique protégée du monde que la reculée de Baume-les-Messieurs qu'encadrent de grandioses falaises de calcaire blanc. La communauté bénédictine, établie en ce lieu à la fin du IXe siècle, fut, avec celle de Gigny, à l'origine de la fondation de l'abbaye de Cluny dont on connaît le prodigieux destin. C'est, en effet, avec des moines de Baume et de Gigny que l'abbé Bernon s'établit en 909 dans le domaine, proche de Mâcon, donné par Guillaume le Pieux, duc d'Aquitaine. Intégrée à l'ordre clunisien depuis 1147 jusqu'au milieu du XVIIe siècle, en dépit de plusieurs tentatives au XIIe et VIIIe pour retrouver son indépendance, l'abbaye fut sécularisée en 1759. À la Révolution, les derniers chanoines séculiers durent abandonner Baume, dont l'église fut convertie en paroissiale.

Baume devint, dès le XIe siècle, l'une des plus importantes abbayes de la Franche-Comté avec celles de Luxeuil et de Saint-Claude, et son église, reconstruite à cette époque, est encore entourée d'une grande partie des bâtiments monastiques, propriétés privées pour une grande part.

Les solutions adoptées par l'architecte de l'abbatiale témoignent d'une grande ambition, qui reflète le développement de la communauté à cette date et l'importance de ses ressources. En dépit des modifications qu'ont connues surtout les parties orientales de l'édifice, la restitution du parti primitif est relativement aisée. La vaste nef de dix travées dont

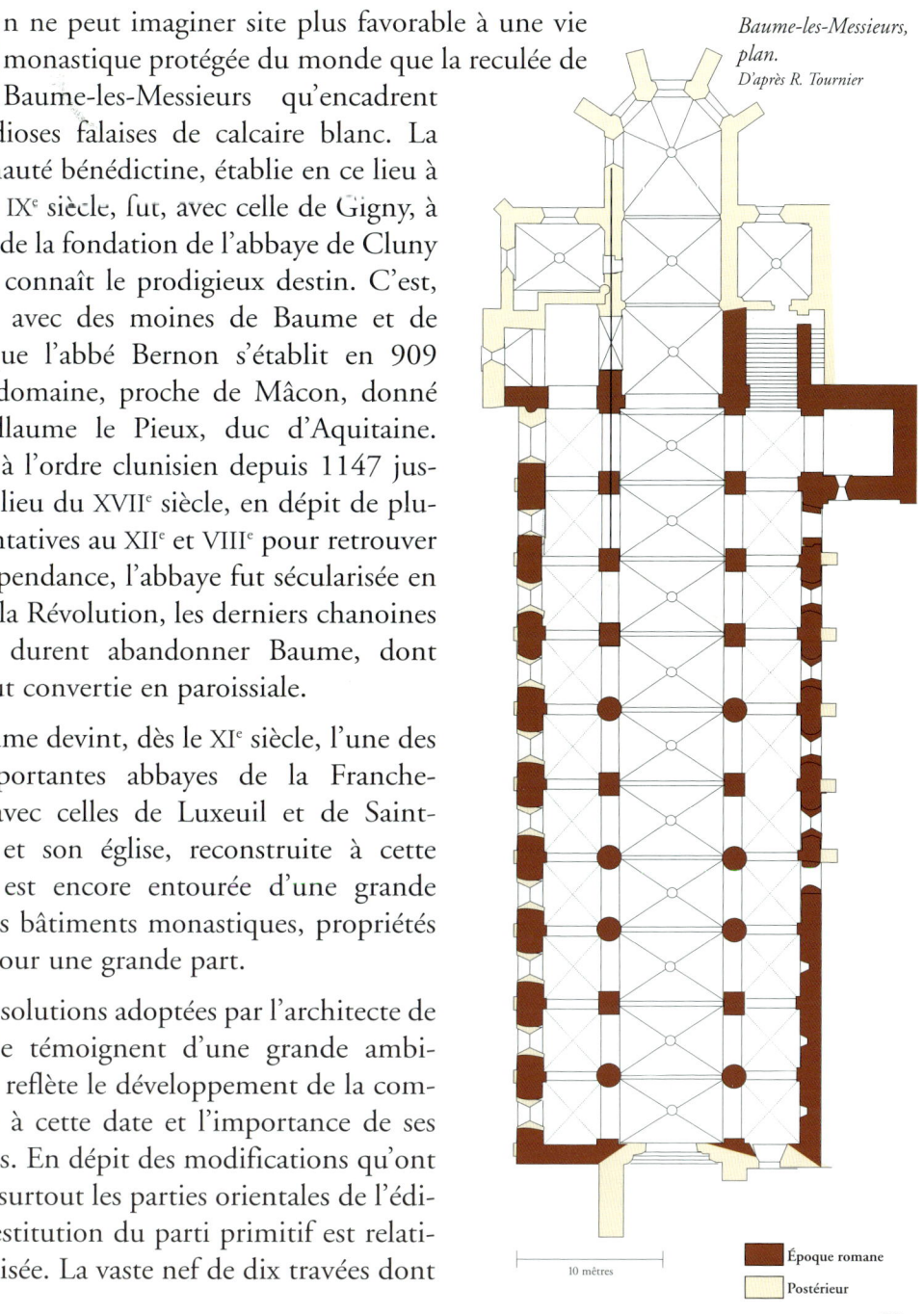

Baume-les-Messieurs, plan.
D'après R. Tournier

Époque romane
Postérieur

ITINÉRAIRES JURASSIENS

Baume-les-Messieurs, vue d'ensemble.
Cliché J.-L. Mathieu

Baume-les-Messieurs, chapiteau déposé dans l'église
Cliché Service régional de l'Inventaire Général DRAC Franche-Comté, J. Mongreville© 1990

le vaisseau central, large de sept mètres, à l'origine charpenté, fut voûté d'ogives au XIIIe siècle, et dont les bas-côtés ont conservé leurs voûtes d'arêtes, compte deux niveaux : celui des grandes arcades, dont le rythme est nuancé par la diversification des piles, circulaires, octogonales ou carrées, piles dépourvues de chapiteaux et même d'impostes, et celui des fenêtres hautes largement ébrasées vers l'intérieur.

Aucune croisée ne matérialise l'intersection de la nef et du transept dont les bras furent voûtés d'un berceau en plein cintre dès le XIe siècle. Sur ces bras -celui du nord est amputé de sa travée externe- s'ouvraient des chapelles orientées hautes et profondes dont ne subsistent plus que les arcades d'entrée ; les chapelles elles-mêmes ont été largement modifiées à l'époque gothique, notamment du côté sud où fut aménagée une salle haute, desservie par un large escalier, salle où sont exposées les authentiques des reliques de l'abbaye et les étoffes qui enveloppaient celles-ci.

ÉGLISES ROMANES DU JURA

À l'extérieur, l'architecte a mis l'accent sur les hautes tours qui s'élevaient à l'extrémité des bras de ce transept. Celle du nord a disparu aujourd'hui, et la flèche de celle du sud a été reconstruite au XVIe siècle, mais on imagine aisément l'aspect imposant d'une composition architecturale dont la rareté doit être soulignée.

Le chevet connut des bouleversements encore plus considérables. Si la première travée du chœur actuel, voûtée d'ogives en même temps que la nef, conserve encore ses murs du XIe siècle, l'abside romane de plan semi-circulaire qui s'étendait au-delà disparut sans doute dès le XIIIe. L'abside actuelle, édifiée à la suite d'un incendie survenu lors de guerres locales, ne date cependant que de l'abbatiat d'Aimé de Chalon (1389-1432), issu d'une branche cadette de la famille des comtes de Bourgogne ; on peut voir ses armes en maints endroits, notamment sur l'autel majeur, comme sur les deux autels situés dans les bas-côtés de la nef et leurs remarquables statues (la Vierge et Marie-Madeleine). C'est à un autre abbé, personnalité marquante de la Comté au XVIe siècle, Guillaume de Poupet (1524-1583), dont les armes figurent sur les fenêtres des bas-côtés de la nef, que l'on doit le superbe retable flamand qui décore l'autel majeur.

L'abbatiale abrite également, dans la chapelle qui s'ouvre sur le bras nord du transept, plusieurs tombeaux remarquables, dont ceux d'Aimé de Chalon et de Renaud, comte de Bourgogne. Enfin, dans la dernière travée du bas-côté nord est exposé un ensemble de sculptures du second quart du XIIe siècle -le seul qui soit conservé dans le Jura-, et notamment un chapiteau double représentant le Christ bénissant au milieu des apôtres, dont on ignore la provenance exacte. Enfin, un fragment de pilier, déposé dans le bas-côté sud, conserve le souvenir de travaux d'embellissement entrepris par l'abbé Aldéric, mort en 1130, travaux dont rien ne semble subsister dans les bâtiments monastiques conservés, qui datent pour partie du XIIIe siècle, pour partie de l'époque moderne.

Baume-les-Messieurs, élément de trumeau déposé dans l'église, portant une inscription qui loue l'abbé Aubri (1107-1139), pour avoir fait faire des travaux dans l'abbaye.
Traduction : "Reçois, Ô Pierre, le présent que te donne l'abbé Aubri en construisant cette demeure ; ne dédaigne pas le don de ton serviteur. Et toi [qui lis ces mots] dis ceci : abbé repose en paix".
Cliché Service régional de l'Inventaire Général DRAC Franche-Comté, J. Mongreville© 1990.

ITINÉRAIRES JURASSIENS

Château-Chalon, église Saint-Pierre, vue intérieure. Cliché J.-L. Mathieu

Château-Chalon

Église Saint-Pierre

L'église de Château-Chalon s'élève sur l'un des promontoires les plus grandioses du Revermont, d'où la vue porte, au sud et à l'est, sur la reculée de Baume-les-Messieurs et la vallée de la Seille, et vers l'ouest sur la Bresse. Il existait à Château-Chalon une importante abbaye de femmes presqu'entièrement détruite à la Révolution - dont l'essor ne se produisit qu'au XIIe siècle avant qu'une sécularisation ne transforme progressivement les bénédictines en chanoinesses. L'existence à côté de l'abbaye d'une vaste église paroissiale dédiée à Saint-Pierre s'explique sans doute autant par le nombre d'habitants du bourg que par le souci des moniales de s'isoler des laïcs, aux quels était souvent réservé, dans les monastères d'hommes, un espace dans la nef. La construction de cette église paroissiale peut, pour l'essentiel, être attribuée au milieu du XIIe siècle.

L'édifice est toutefois loin d'être homogène. En effet, le type des piles varie non seulement d'une travée à l'autre, mais, au sein d'une même travée, de part et d'autre du haut-vaisseau. Par ailleurs, se mêlent aux habituels supports octogonaux des piles plus complexes, présentant du côté du vaisseau central des ressauts à angle droit ou des pilastres disposés en biais qui paraissent conçus pour un voûtement. Pourtant, les croisées d'ogives qu'ils reçoivent s'y adaptent souvent mal.

Cette mauvaise coordination entre supports et retombées -qui se retrouve dans certaines travées des bas-côtés simplement voûtés d'arêtes est-elle le fruit de tâtonnements lors de l'expérimentation d'un nouveau mode de voûtement, d'un changement de parti en cours de travaux, ou du remaniement d'un édifice préexistant ? L'examen de l'appareil ne permet guère de trancher, tandis que la présence de quelques petites baies obturées dans la partie supérieure des murs ne laisse pas de faire problème.

Château-Chalon, plan.
D'après P. Lacroix

Quoi qu'il en soit, l'absence de fenêtres hautes est remarquable, et il convient de noter le caractère archaïque des voûtes d'ogives, dont le profil carré et le tracé en cintre surbaissé rappellent les solutions adoptées dans un certain nombre d'édifices romans du XIIe siècle, en Lombardie notamment. Tout se passe donc comme si l'architecte de la nef de Château-Chalon avait été amené à adopter un nouveau système de voûtement sans en maîtriser la technique de construction et sans en apprécier les avantages - dont le principal était de permettre d'ouvrir sans danger des fenêtres sous une voûte.

Si la nef témoigne de façon émouvante de la difficulté des mutations architecturales, les vestiges du chœur du XIIe siècle appartiennent à la plus pure tradition romane. L'arcature qui court au soubassement des murs nord et sud se prolongeait peut-être sur le mur droit qui clôturait le sanctuaire à l'est et qui a disparu lors de l'extension de celui-ci, au XVIIIe siècle. Les arcs en plein cintre aux larges claveaux retombent sur des chapiteaux cubiques dont la mode, née dans l'Empire à l'époque ottonienne, ne devait se répandre dans le comté de Bourgogne qu'au cours du XIIe siècle.

Château-Chalon, bas côté sud de la nef.
Cliché É. Vergnolle

Il ne reste que quelques vestiges des absidioles qui encadraient ce chœur. Celle du sud fut transformée en sacristie à l'époque moderne ; celle du nord devait être, peu de temps après sa construction, surmontée d'un clocher qui nécessita un renforcement des substructures. Ce clocher confère à l'édifice un caractère roman qui, à l'extérieur, n'est plus immédiatement perceptible, les baies des bas-côtés de la nef et de la façade occidentale ayant été agrandies pour améliorer l'éclairage.

Les parois intérieures de la nef, dont les enduits anciens avaient été vigoureusement grattés en 1939, ont, au cours d'une récente restauration, été revêtues d'un léger badigeon dont les discrets jeux de couleur ont redonné une certaine lisibilité à la structure. À l'occasion de ces travaux, un trésor comportant d'intéressants objets d'art médiévaux et quelques fragments lapidaires provenant de l'abbaye voisine a été aménagé dans la chapelle nord. Signalons également la chapelle édifiée contre la façade occidentale de l'église, délicate construction de la seconde moitié du XVIe siècle.

Château-Chalon, l'église Saint-Pierre, vue de l'est.
Cliché J.-L. Mathieu

ITINÉRAIRES JURASSIENS

Courtefontaine, la chapelle méridionale, le transept et le clocher. Cliché J.-L. Mathieu

ÉGLISES ROMANES DU JURA

Courtefontaine

Église Notre-Dame

Dans l'acte de l'empereur Charles Quint qui affecta, en 1534, les revenus de la verrerie de la forêt de Chaux au prieuré de chanoines augustins de Courtefontaine, l'église de celui-ci est décrite comme "fort belle grande dévote et spacieuse". Malgré l'intérêt que l'édifice suscita chez les érudits du XIXe siècle et son excellent état de conservation - seule la charpente, incendiée au XVIIe siècle, a été refaite -, il reste injustement méconnu. Il faut souhaiter que le projet de restauration des toitures, actuellement à l'étude, prélude à une réhabilitation de l'intérieur de l'église, que des badigeons en mauvais état ne contribuent guère à mettre en valeur, alors que l'appareil, visible à l'extérieur, est d'une admirable qualité. En effet, les pierres, quoique de petites dimensions, sont taillées avec précision et les joints d'une finesse extrême.

La construction du prieuré, fondé au cours des années 1140 par l'abbaye de Bellefontaine (Doubs) fut entreprise sans doute peu après le milieu du XIIe siècle, lorsque les chanoines commencèrent à disposer de ressources suffisantes. En effet, des inhumations sont mentionnées dans le porche occidental en 1170 et la consécration eut lieu avant 1179.

L'église de Courtefontaine est un bon exemple de la volonté de plusieurs communautés

Courtefontaine, plan.
D'après P. Prunet

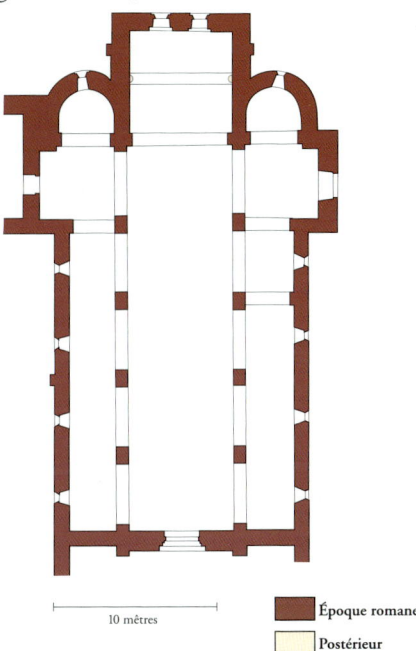

10 mètres

■ Époque romane
□ Postérieur

Courtefontaine, détail du clocher.
Cliché J.-L. Mathieu

religieuses de retrouver le mode de vie des premiers temps chrétiens et de s'inspirer de leur architecture. Alors que, dans le troisième quart du XIIe siècle, le voûtement des églises s'était peu à peu imposé dans l'architecture romane, on revint à la charpente pour couvrir non seulement le vaisseau central de la nef, mais aussi les bas-côtés et même le transept. Seul le chœur de deux travées, clos par un mur droit percé de trois fenêtres, et les deux absidioles de plan semi-circulaire qui l'encadrent, sont voûtés, le premier d'un berceau en plein cintre, les secondes d'un cul-de-four.

Ce souci d'austérité se manifeste également dans le choix des supports de la nef - de simples piles rectangulaires couronnées d'une imposte - que dans celui des grandes arcades en plein cintre à arêtes vives et dans le traitement des parois, rigoureusement lisses à l'intérieur comme à l'extérieur, solutions passéistes. Les constructeurs de Courtefontaine optèrent enfin pour un type de transept bas, dépourvu de croisée, expression de l'esprit de modestie qui les animait. L'architecte sut cependant tirer de beaux effets de la rigueur des articulations et des rythmes, de la pureté des lignes, et de l'harmonie des proportions et de l'étagement

ÉGLISES ROMANES DU JURA

des volumes que domine un clocher qui s'élève sur la quatrième travée du bas-côté de la nef, à la jonction avec le transept.

À Courtefontaine comme dans l'architecture cistercienne, l'austérité n'est pas synonyme de pauvreté. A la qualité de l'appareil fait écho le sobre raffinement des modillons qui supportent les corniches et soulignent les pignons, des petites arcatures qui animent les faces du clocher, des cordons qui, à la façade, brisent la verticalité des contreforts, ou encore, des archivoltes abondamment moulurées du portail occidental et de la fenêtre d'axe. Le décor sculpté, présent seulement aux baies de cette même façade et du clocher (le tympan du portail date du XIXe siècle), consiste en chapiteaux à feuilles lisses dont la simplicité n'exclut pas une certaine puissance plastique.

L'aile orientale des bâtiments canoniaux, située dans le prolongement du bras nord du transept, est conservée. Ses façades comportent quelques vestiges du XIIe siècle, les baies géminées de la salle capitulaire notamment.

Courtefontaine, vue extérieure, du côté sud.
Cliché J.-L. Mathieu

ITINÉRAIRES JURASSIENS

Gigny, vue intérieure. Cliché R. Toussaint CDT du Jura

Gigny

Église Saint-Pierre

C'est à Gigny, en bordure de la Petite Montagne, que Bernon, l'un des principaux réformateurs de la vie monastique de son temps, s'installa vers 890, avant de fonder Baume puis Cluny. Jusqu'à la fin du XIe siècle, les deux monastères jurassiens furent dirigés par les mêmes abbés, mais Gigny fut, en 1095, intégrée comme simple prieuré dans l'ordre de Cluny -sans que cette soumission diminue son importance, puisque, jusqu'à la fin du Moyen Âge, le nombre des moines se maintint entre 20 et 30.

La commende fut instituée en 1442. Entre 1492 et 1503, Gigny eut notamment comme prieur commendataire le cardinal della Rovere, futur pape Jules II, qui entreprit une rénovation partielle de l'église romane. On voit notamment ses armes sur le portail occidental, qui porte la date de 1495.

L'église de Gigny est l'un des monuments les plus intéressants du milieu du XIe siècle, mais aussi l'un de ceux dont l'analyse est la plus complexe, tant en raison de l'originalité de certains aspects du parti primitif que des multiples transformations et restaurations qu'elle a subies.

Si la façade occidentale a été très remaniée, la nef à trois vaisseaux, avec ses grandes arcades en plein cintre à arêtes vives retombant sur des piles maçonnées de plan circulaire dans les travées orientales, de plan carré dans les autres, n'a pas été altérée par la reconstruction, à des époques diverses, de presque tous ses supports. Les quatre piles nord, en moyen appareil de pierre blanche, sont le fruit d'une réfection du cardinal della Rovere, et les deux piles en pierre bleutée, situées à l'extrémité occidentale du bas du côté sud, datent du milieu du XVIIe siècle.

Les fouilles menées en 1992 ont permis de déceler, en fondation, l'amorce de la courbe de l'abside centrale et de découvrir du côté sud l'absidiole semi-circulaire qui s'ouvrait à l'extrémité du transept. En revanche, aucune substructure n'est apparue qui permettrait de restituer une chapelle intermédiaire. Sans doute des arcades faisaient-elles communiquer entre eux les différents espaces du chevet. (cf. Ch. Sapin dans Éclats d'Histoire, p 372-373)

Gigny, plan.
D'après O. Juffard et Ch. Sapin

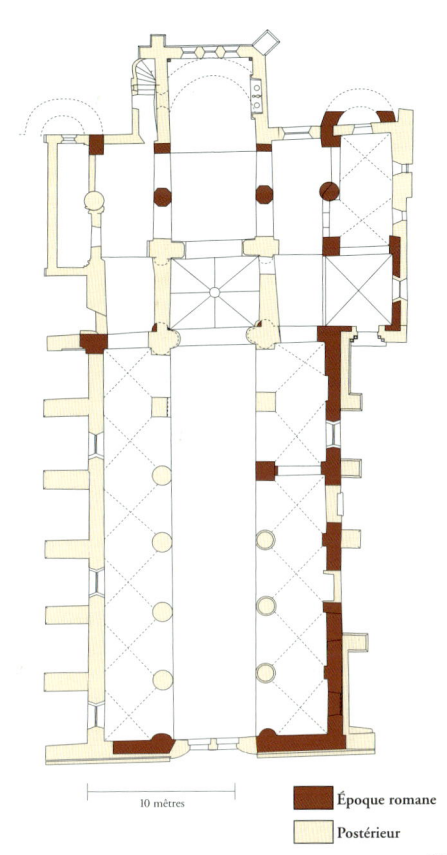

Gigny, pile du chœur.
Cliché É. Vergnolle

Si le type des supports originel a été repris pour les premières, les secondes sont couronnées de chapiteaux maçonnés de forme cubique, intéressants pastiches classiques d'une solution en vogue à l'époque romane dans certaines régions de l'Empire mais qui n'est pas attestée en Franche-Comté au XIe siècle.

Le niveau des fenêtres hautes a subi un certain nombre de bouleversements liés à la décision de remplacer la charpente du haut-vaisseau par une voûte à une date difficile à préciser (fin XIIe ?). On notera la présence de pilastres reposant sur des culots, disposés de manière plus régulière du côté nord que du côté sud, la présence d'une corniche intérieure faisant écho à une corniche sur modillons à l'extérieur. Si ce projet de voûtement fut réalisé, il n'en subsiste rien. La voûte d'arêtes actuelle date du XVIIe siècle. À l'extérieur, la présence de murs-boutants et d'arcs-boutants d'époque indéterminée témoigne de ces divers avatars.

Le transept, qui comprenait primitivement deux bras voûtés en berceau et une croisée surmontée d'une coupole, n'est que partiellement conservé. Le bras nord, encore visible au XIXe siècle, a disparu, et il fallut, à l'époque gothique, renforcer la coupole par des nervures et, probablement à cette occasion ou à une autre, établir des murs de soutènement sous les arcades. nord et sud, isolant ainsi la croisée des bras du transept. Entre les maçonneries qui renforcent les piles, on retrouve les supports composés romans, dont la faiblesse est sans doute à l'origine des divers désordres qui se sont manifestés dans cette partie de l'édifice, désordres sans doute aggravés par la présence du clocher, surélevé au XVIIIe siècle d'un étage, qui surmonte la croisée.

ÉGLISES ROMANES DU JURA

Gigny, vue extérieure, du côté nord.
Cliché J.M. Lapp

On retrouve, enfin, dans l'édifice actuel quelques éléments d'un chevet à cinq chapelles échelonnées. Le chœur du XIe siècle est bien conservé, ainsi que les bas-côtés qui l'encadraient. Long de deux travées, il communique avec ces derniers par des grandes arcades retombant sur des piles maçonnées de plan octogonal. Sans doute était-il voûté, comme ses bas-côtés, en berceau.

La disparition de l'abside, remplacée au XIIIe siècle par une travée de plan carré, et les remaniements des chapelles latérales ne permettent pas de restituer précisément les dispositions du chevet d'origine, même si des fouilles récentes ont apporté des éclaircissements sur certains points. Mais des questions restent ouvertes. Les arcades aveugles qui séparent aujourd'hui les bas-côtés du chœur des chapelles voisines étaient-elles primitivement ouvertes ? Comment s'échelonnaient les différentes chapelles, de par et d'autre de l'abside ? Ces incertitudes sont d'autant plus regrettables que le chevet de Gigny est l'un des plus anciens témoins conservés d'un type de plan dont la définition n'était peut-être pas encore aboutie.

ITINÉRAIRES JURASSIENS

Lons-le-Saunier, Saint-Désiré, vue intérieure. Cliché R. Toussaint CDT du Jura

Lons-le-Saunier

Église Saint-Désiré

Les fouilles de 1988 ont permis de préciser les dispositions primitives des chapelles orientées de la crypte, inscrites dans un mur semi-circulaire qui devait servir de soubassement à l'abside romane (cf. Christian Sapin dans Eclats d'Histoire, p. 366-367)

Lons-le-Saunier, Saint-Désiré, plan de la crypte.
D'après O. Juffard

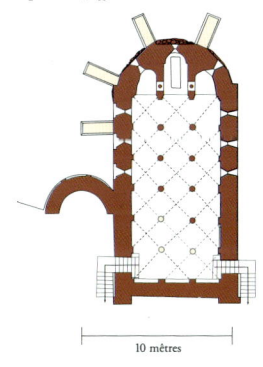

Lons-le-Saunier, Saint-Désiré, plan de l'église.
D'après P. Chauvin

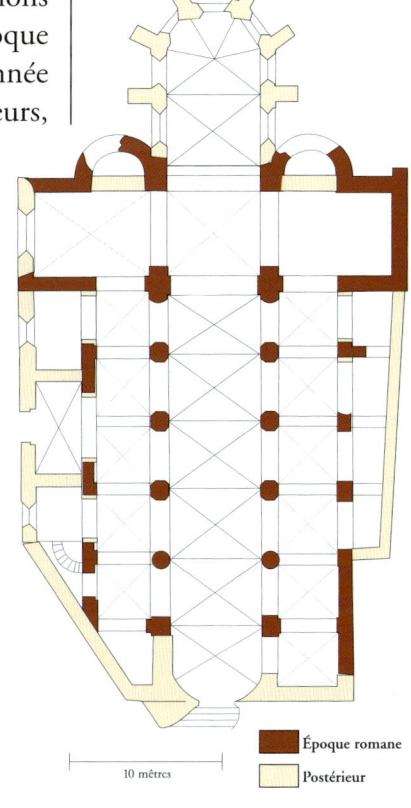

Depuis le haut Moyen Âge, une église destinée abritant les restes de saint Désiré, évêque de Besançon mort à Lons au début du Ve siècle, existait à l'emplacement de l'édifice actuel, mais seuls quelques fragments découverts dans le sous-sol de celui-ci ou remployés dans la crypte conservent le souvenir des constructions antérieures au XIe siècle. L'église, qui depuis une époque fort ancienne desservait une vaste paroisse, fut donnée entre 1078 et 1083 à l'abbaye de Baume-les-Messieurs, dont elle devint à partir du XIIe siècle un important prieuré.

Saint-Désiré possède l'une des plus belles cryptes de Franche-Comté. Subdivisée en trois vaisseaux par deux rangées de cinq colonnes qui reçoivent de petites voûtes d'arêtes, elle appartient à un type largement répandu en Europe occidentale depuis la fin de l'époque carolingienne, celui de la crypte-halle. La plupart des colonnes, de dimensions et de types variés, sont des remplois en marbre dont les couleurs et le poli ont été malencontreusement masqués par l'application, lors de la restauration de 1992-1993, d'un badigeon uniforme. Le sarcophage de saint Désiré, vide depuis 1794, se trouve encore à son emplacement d'origine, dans la chapelle d'axe qu'entourent deux chapelles à peine moins profondes.

*Lons-le-Saunier,
Saint-Désiré, crypte.
Le sarcophage de saint Désiré.
Cliché J.-L. Mathieu*

À l'extérieur, l'existence d'une grande église romane n'est pas immédiatement perceptible. Après plusieurs incendies, le chœur et l'abside furent reconstruits à partir de la fin du XVIe siècle. D'autre part, les chapelles qui sont venues se greffer au cours des siècles autour de la nef ont fait disparaître les murs des bas-côtés, tandis que, depuis l'établissement d'une voûte d'ogives sur le vaisseau central, une toiture unique s'étend sur les trois vaisseaux. Enfin, l'installation, au début du XIXe siècle, de la Préfecture dans les bâtiments du prieuré a entraîné la destruction de la travée occidentale et de la façade de l'église. L'entrée s'effectue de nos jours du côté nord de la nef, par un escalier à double volée datant de 1825. On peut néanmoins restituer le décor originel de lésènes grâce à quelques témoins épargnés ici et là.

En dépit d'une restauration discutable pendant les années 1930, Saint-Désiré reste un édifice intéressant, dont la nef présente des similitudes avec celle de Baume-les-Messieurs : haut-vaisseau primitivement charpenté, bas-côtés voûtés d'arêtes sur doubleaux, grandes arcades reposant sur des piles tantôt circulaires, tantôt carrées, tantôt octogonales, fenêtres hautes ébrasées vers l'intérieur. Cependant, les proportions diffèrent ; à

Lons, les piles paraissent d'autant plus élancées que la largeur du haut vaisseau est sensiblement moindre qu'à Baume.

On peut également restituer les dispositions de la croisée du transept, délimitée par de fortes piles conçues pour supporter une tour de croisée (détruite en 1595), et celles du transept bas, dont les bras, très débordants, étaient peut-être, comme la croisée, charpentés et sur lesquels s'ouvraient deux chapelles orientées peu saillantes dont il subsiste quelques traces.

L'église haute a été édifiée durant le XIᵉ siècle, à une date qu'il est difficile de préciser, en deux campagnes au moins si l'on en juge par le changement des matériaux utilisés, comme on peut le voir à la jonction de la nef et du transept. Quant à la crypte, bien quelle présente un certain nombre de caractères archaïques, sa construction est probablement contemporaine de celle du chœur aujourd'hui disparu.

Lons-le-Saunier, Saint-Désiré, crypte.
Cliché J.-L. Mathieu

ITINÉRAIRES JURASSIENS

Saint-Hymetière, vue extérieure, côté sud-est. Cliché J.-L. Mathieu

ÉGLISES ROMANES DU JURA

Saint-Hymetière

Église Saint-Hymetière

On dispose de peu de renseignements sur Saint-Hymetière, l'un des édifices les plus attachants du Jura roman, dont la construction peut se situer vers le milieu du XIe siècle. Citée comme *cellula* au IXe siècle, l'église qui dépendait du chapitre de la cathédrale Saint-Vincent de Mâcon jusqu'à la Révolution se dresse, solitaire, à l'écart du village actuel, dans l'ample vallon où, au Ve siècle s'était retiré Hymetière.

La situation de l'église de Saint-Hymetière n'est pas son unique source de charme. Elle a, en effet, conservé sa silhouette romane, avec sa courte nef de trois travées, son chevet à trois chapelles de plan semi-circulaire -celle du nord fut remplacée par une sacristie au XVIe siècle-, et son transept que domine une imposante tour de croisée octogonale quelque peu surélevée, il est vrai, au XVIIIe siècle, et coiffée d'un dôme moderne. Le décor de lésènes qui ornait tout l'édifice est largement conservé, et peut être aisément restitué là où il a disparu, comme à la façade occidentale, fortement remaniée au XVIIe siècle. Même si la fenêtre d'axe de l'abside, agrandie à l'époque gothique, a été reconstruite dans le style du XIe siècle, et les lésènes de l'absidiole sud en grande partie reconstituées lors d'une récente restauration, la cohérence de l'ensemble est indéniable.

Saint-Hymetière, plan.
D'après O. Juffard et Ch. Sapin

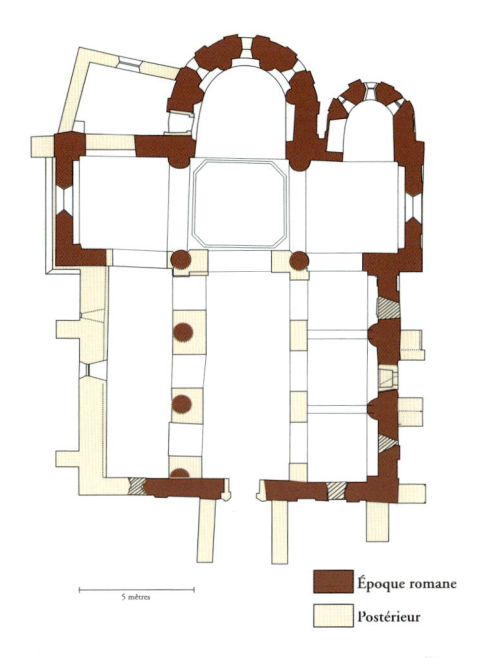

L'intérieur, au contraire, a subi d'importants bouleversements au XVIIe siècle. Les voûtes du vaisseau central de la nef et du bas-côté sud furent refaites, et le bas-côté nord entièrement reconstruit. Ces transformations, justifiées sans doute par le mauvais état de l'édifice, nécessitèrent le renforcement des grandes arcades de la nef et des piles occidentales de la croisée du transept. Des sondages, effectués en 1960, ont

Saint-Hymetière, bas-côté sud de la nef.
Cliché J.-L. Mathieu

néanmoins permis de retrouver, du côté nord de la nef, les piles et le départ des arcades d'origine.

Saint-Hymetière compte parmi les rares édifices entièrement voûtés du milieu du XIe siècle. L'abside et les absidioles couvertes d'un cul-de-four ouvrent sur un transept dont les bras sont voûtés en berceau, tandis qu'une coupole sur trompes surmonte la croisée. Fait plus exceptionnel, le vaisseau central de la nef, de largeur réduite il est vrai, avait également reçu une voûte en berceau plein cintre dont la hauteur était supérieure à celle de la voûte actuelle, reconstruite au XVIIe siècle selon un tracé fortement brisé. Les bas-côtés, pour leur part, étaient voûtés d'arêtes, comme en témoignent les arrachements visibles dans le bas-côté sud.

À l'instar des autres architectes de sa génération qui tentèrent de voûter le haut-vaisseau, celui de Saint-Hymetière traita les problèmes d'équilibre de manière empirique. Ainsi, parmi les solutions retenues, certaines révèlent-elles un excès de précaution (murs des bas-côtés renforcés par de larges demi-colonnes engagées recevant des arcs de décharge), alors que d'autres trahissent une assurance remarquable (piles occidentales de la croisée et du vaisseau central de la nef d'un même diamètre, grandes arcades d'une certaine ampleur).

La réflexion de l'architecte de Saint-Hymetière semble avoir autant porté sur la forme que sur la technique. En effet, l'emploi de la pile circulaire pour les supports isolés comme pour ceux qui rythment les murs des bas-côtés et de l'abside, traduit une volonté d'unité peu commune. Comme à Saint-Philibert de Tournus, dont il s'est probablement inspiré, et dans quelques monuments de la vallée de la Saône, tel Combertault, avec lesquels

ÉGLISES ROMANES DU JURA

Saint-Hymetière offre des similitudes, le choix de la pile circulaire apparaît comme la traduction, adaptée à de nouvelles préoccupations architecturales, de la file de colonnes des premières basiliques chrétiennes. Il convient d'admirer la richesse des effets plastiques que l'architecte sut, avec une grande économie de moyens, tirer d'un répertoire de formes limité, notamment dans l'abside, où la monumentalité de l'arcature qui occupe toute la hauteur des murs contraste avec le graphisme léger de la frise de petits arcs soulignant, comme à la croisée du transept, le départ de la voûte.

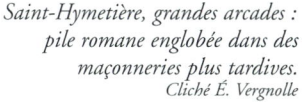

Saint-Hymetière, grandes arcades : pile romane englobée dans des maçonneries plus tardives.
Cliché É. Vergnolle

Saint-Hymetière, chevet.
Cliché J.-L. Mathieu

ITINÉRAIRES JURASSIENS

Saint-Lothain, chevet. Cliché P. Viellet

Saint-Lothain

Église Saint-Lothain

Selon la *Vie de saint Lothain*, écrite vers 900, celui-ci se serait retiré dans le Jura et serait mort au début du VIe siècle en un lieu qui devait ultérieurement prendre son nom. Il ne reste, pour attester cette tradition littéraire, qu'un sarcophage conservé dans la crypte, identifié par une inscription tardive. Quoi qu'il en soit, les reliques du saint étaient suffisamment vénérées au XIe siècle pour justifier la construction d'une crypte de belles proportions dans ce prieuré de Baume.

C'est en abordant l'édifice par le chevet qu'on apprécie le mieux la qualité de son architecture. Au-dessus de la crypte, qui a conservé ses petites fenêtres à double ébrasement, s'élève l'abside, dont les baies ont été fortement agrandies à l'époque moderne, mais dont les murs ont conservé leur décor de lésènes. Les deux petites chapelles orientées qui encadrent l'abside de la crypte ne se retrouvent pas au niveau supérieur, où les bas-côtés du chœur se terminent par un mur droit. S'agit-il d'une disposition d'origine ? Rien n'est moins certain, car l'église fut l'objet d'importantes transformations au XVIIIe siècle et au début du XIXe.

Après la construction, en 1716, d'un imposant clocher-porche à l'ouest de l'église, le vaisseau central de la nef, jusque-là charpenté alors que les bas-côtés avaient dès l'origine été voûtés d'arêtes, fut également voûté, ce qui entraîna une importante surélévation des murs gouttereaux.

L'intérieur de l'église fut, par ailleurs, entièrement revêtu d'un décor de stuc d'inspiration néoclassique au début du XIXe siècle. Cette rénovation

Saint-Hymetière, plan de la crypte.
D'après O. Juffard, C. Marissal et Ch. Sapin

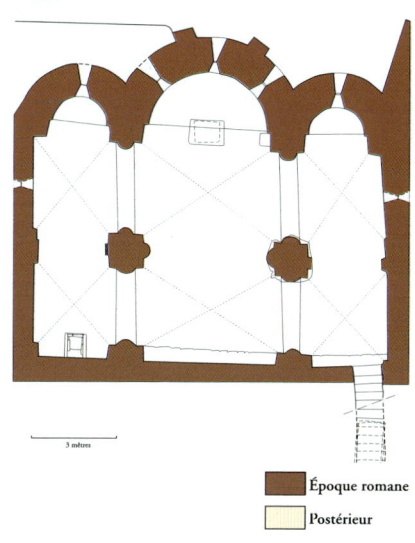

■ Époque romane
□ Postérieur

superficielle, si elle a contribué à remodeler l'apparence des piles et des murs, ne semble cependant pas avoir altéré la structure romane, qu'une récente restauration a fait réapparaître dans le bas-côté sud.

Les grandes arcades de la nef retombaient sur des piles de plan carré à angles abattus, recevant des voûtes d'arêtes dépourvues de doubleaux. La restitution de la travée précédant le chœur est plus problématique. La présence de piles plus fortes, d'arcades plus amples, de pilastres et de doubleaux dans les bas-côtés évoquent l'idée d'un transept. Quoi qu'il en soit, cette travée nettement mise en valeur par rapport aux autres contribuait à amplifier l'espace au-devant d'une abside peu profonde, précédée d'une petite travée droite. C'est également dans cette travée que prenaient naissance les escaliers descendant à la crypte.

Saint-Lothain, crypte, vue extérieure.
Cliché J.-L. Mathieu

ÉGLISES ROMANES DU JURA

L'architecte qui construisit celle-ci fit preuve d'une grande originalité. Il préféra aux habituelles rangées de colonnettes de puissantes piles composées qui servent de soubassement aux grandes arcades de l'église haute et reçoivent des voûtes d'arêtes d'une ampleur exceptionnelle dans une crypte. Cette solution, qu'on ne retrouve, au XIe siècle, que dans quelques grandes cryptes comme celle de la cathédrale d'Auxerre construite entre 1023 et 1035, n'allait pas sans poser des problèmes techniques. Ainsi la faible hauteur disponible conduisit-elle l'architecte de Saint-Lothain à adopter des piles courtes et à fortement surbaisser les voûtes. Il semble aussi avoir éprouvé des difficultés à coordonner supports et retombées, difficultés sans véritable signification chronologique dans une région qui resta réfractaire à la pile composée, et qui ne diminuent en rien la qualité de l'espace ainsi créé.

Saint-Lothain, crypte, vue intérieure.
Cliché J.-L. Mathieu

ITINÉRAIRES JURASSIENS

Saint-Lupicin, vue intérieure. Cliché J. Cuaz

ÉGLISES ROMANES DU JURA

Saint-Lupicin

Église Saint-Lupicin

Depuis ses origines, l'histoire de Saint-Lupicin est liée à celle de Saint-Claude. En effet, après avoir quitté ce monastère qu'il avait fondé avec son frère Romain, Lupicin s'installa en un lieu qui devait ultérieurement prendre son nom, où il mourut vers 480. À la fin du VIIIe siècle, la possession de cette *cella* fut confirmée à l'abbaye de Saint-Claude, dont Saint-Lupicin devait rester l'un des principaux prieurés jusqu'à la fin du Moyen Âge.

Les auteurs du XVIIIe siècle qui eurent l'occasion de visiter Saint-Claude avant la destruction de l'abbatiale romane, lui reconnaissaient une certaine parenté avec l'église réédifiée au XIe siècle à Saint-Lupicin. On peut, il est vrai, malgré les dimensions plus modestes de la priorale, rapprocher le parti d'ensemble des deux édifices, avec leur chevet à trois absides précédées d'une courte travée droite de chœur, leur transept en légère saillie dont la croisée était surmontée d'une tour, leur nef à trois vaisseaux charpentés, les voûtes d'ogives de Saint-Lupicin datent du XVIIe siècle - séparés par des grandes arcades retombant alternativement sur des piles carrées et des piles circulaires. Il convient cependant de ne pas trop forcer la comparaison, car trop d'éléments nous manquent pour restituer avec précision le parti architectural de l'abbatiale consacrée en 1039.

*Saint-Lupicin, plan.
D'après A. Céréza© 1997,
Inventaire général*

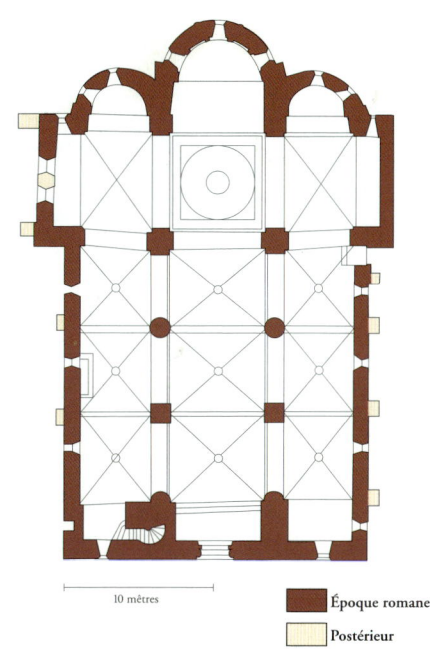

■ Époque romane
□ Postérieur

51

ITINÉRAIRES JURASSIENS

Les parties orientales de Saint-Lupicin révèlent un remarquable souci de hiérarchisation des volumes. Tandis que le chœur domine largement l'abside et les deux absidioles, les bras du transept présentent une dénivellation inhabituelle entre la travée proche de la croisée, voûtée d'arêtes, et la travée externe, voûtée d'un berceau. La tour carrée - refaite dès le XIIe siècle semble-t-il- qui surmonte la croisée couronne l'ensemble, alors qu'à l'intérieur, une coupole sur trompes s'élève au-dessus d'arcs en encorbellement destinés à réduire son ampleur.

Saint-Lupicin, portail occidental.
Cliché C. Huyghens

Si les fenêtres de ces parties orientales sont, comme celles de la nef, de dimensions modestes - celles des absides, du bras nord du transept et des bas-côtés ont été élargies à l'époque moderne -, la variété de leur forme et le choix de leur emplacement dénotent une certaine recherche. Ainsi trouve-t-on dans le chœur et à la façade du bras sud, moins restaurée que celle du bras nord, le même type de baie en forme de croix encadrée de deux oculus, composition qui évoque le schéma traditionnel de la crucifixion entre le soleil et la lune, et qui devait, à Saint-Lupicin comme dans les autres édifices où elle se rencontre, prendre tout son sens grâce aux vitraux. Les petites fenêtres ouvertes au-dessus des arcades de la croisée, à la naissance de la coupole, qui ne peuvent, en raison de leurs dimensions très réduites, fournir une lumière aussi abondante que celle des tours-lanternes des croisées charpentées, montrent, pour leur part l'attachement de l'architecte à une solution

Saint-Lupicin,
portail occidental, détail.
Cliché C. Huyghens

généralement abandonnée dans les croisées voûtées.

S'il est assuré qu'un décor de lésènes se développait sur les murs du chevet et du transept, l'état actuel est largement redevable aux restaurateurs du XIXe et du XXe siècle. Toute trace d'un tel décor a disparu dans la nef et à la façade occidentale. En revanche, celle-ci conserve l'un des premiers portails romans connus, dont la baie, encadrée de deux colonnes, est surmontée d'une plage d'appareil réticulé.

Il n'est guère facile de dater un édifice présentant des caractères aussi complexes, où se mêlent novations et archaïsmes. Les choix de l'architecte s'inscrivent néanmoins dans un courant général de réflexion sur la plasticité et l'articulation des masses qui tend à s'affirmer à partir du milieu du XIe siècle.

Saint-Lupicin, abside.
Cliché J.-L. Mathieu

Saint-Lupicin, chevet.
Cliché J.-L. Mathieu

ITINÉRAIRES JURASSIENS

Saint-Maur, vue d'ensemble. Cliché J. Aubert

Saint-Maur

Église Saint-Maur

S aint-Maur est la plus méconnue des églises romanes du Jura. Elle se situe pourtant au cœur d'un village proche de Lons-le-Saunier et qui occupe une position remarquable, d'où l'on découvre un vaste horizon tant du côté ouest, vers la plaine, que du côté est, vers la montagne.

Ses origines sont obscures. La légende a créé une confusion entre le saint Maur qui se retira dans ce lieu au Ve ou au VIe siècle et le disciple de saint Benoît. Quel qu'en soit l'objet, cette vénération suscita un pèlerinage dont la peinture gothique du premier pilier de la nef représentant saint Christophe, protecteur des voyageurs, conserve sans doute le souvenir.

Les archives ne permettent pas de connaître avec précision l'histoire de Saint-Maur à l'époque romane. Alors qu'au milieu du XIe siècle, les droits sur l'autel étaient perçus par le chapitre de Saint-Etienne de Besançon, l'église est citée en 1133 parmi les possessions de l'abbaye de Baume-les-Messieurs, dont elle restera un prieuré jusqu'à la fin du Moyen Âge. Mais plus rien ne subsiste des bâtiments monastiques, situés au sud de l'église.

Celle-ci offre un plan particulièrement étiré en longueur, résultat non seulement de l'absence de transept et de l'étroitesse du vaisseau central de la nef, mais de la continuité entre les cinq travées de celle-ci et les deux travées du chœur encadré de bas-côtés de même profondeur. L'abside romane, peut-être de plan semi-circulaire, a cédé la place, sans doute au XVIIe siècle, à un chevet plus ample, clos par un mur droit.

Saint-Maur, plan.
D'après P. Lacroix

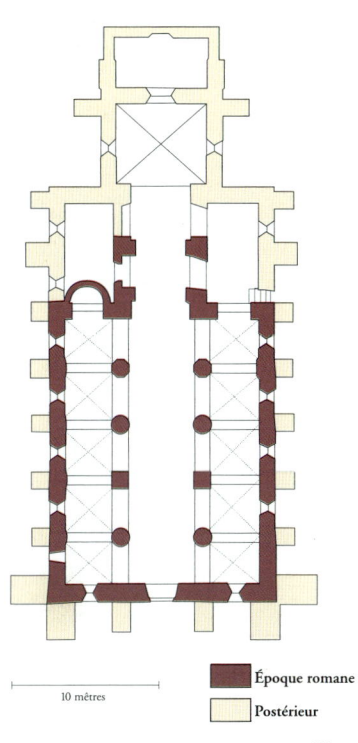

Époque romane
Postérieur

La présence d'un enduit épais sur les murs ne facilite guère l'étude architecturale. Seul le bas-côté nord de la nef, récemment restauré, permet d'apprécier la structure originelle de l'édifice. Avec ses voûtes d'arêtes séparées par des doubleaux retombant, du côté externe, sur des pilastres, et du côté des grandes arcades, sur de fortes piles maçonnées, ce collatéral présente des similitudes avec ceux de Baume. À la différence de Saint-Lupicin, il n'existe pas d'alternance rigoureuse entre les piles de plan circulaire et celle de plan carré. Seule la première fenêtre de ce bas-côté nord, de petites dimensions mais largement ébrasée vers l'intérieur, date de l'époque romane, les autres ayant été agrandies au XIXe siècle.

Comme dans les autres édifices du même groupe, le vaisseau central de la nef était sans doute charpenté à l'origine. Il a été, comme le chœur, couvert au XVIIe siècle d'une voûte en berceau fortement brisé qui a fait disparaître toute trace des fenêtres hautes primitives. En

Saint-Maur, vue extérieure, du côté sud.
Cliché Archives départementales du Jura

ÉGLISES ROMANES DU JURA

revanche le sanctuaire, dont la première travée supporte un clocher -refait au XVIe siècle-, était probablement voûté d'un berceau en plein cintre. C'est, du moins, ce que laissent supposer ses piles, plus larges que celles de la nef.

Pour autant que les remaniements permettent d'en juger, on peut admettre que le chantier de Saint-Maur suivit de peu celui de Baume-les-Messieurs, qui semble avoir joué à diverses reprises un rôle de modèle régional.

Saint-Maur,
bas-côté nord de la nef.
Au premier plan une peinture
gothique représentant
saint Christophe
Cliché J.-L. Mathieu

Coordination du projet :
   M.-J. Lambert *(Conservation départementale d'archéologie du Jura)*

Choix des sites :
   Éliane Vergnolle et René Locatelli *(Université de Franche-Comté)*
   Christian Sapin *(C.N.R.S.)*

Texte :
   Éliane Vergnolle *(Université de Franche-Comté)*

Remerciements :
   - Archives départementales du Jura
   - Direction Régionale des Affaires Culturelles de Franche-Comté :
     Marie-Claude Mary, Liliane Hamelin et André Céréza
     (Service Régional de l'Inventaire général)
     Patrick Blandin *(Conservation Régionale des Monuments Historiques)*
     Annick Richard *(Service Régional de l'Archéologie)*
     Pascal Prunet *(Architecte en chef des Monuments Historiques)*
   - Monsieur l'abbé Luc Bongain
   - Jean-Luc Mordefroid *(U.R.A.C.)*

ÉGLISES ROMANES DU JURA

Pour en savoir plus…

- Jean CABANOT, *Petit Glossaire pour la description des églises*, Dax, A.E.A.L ; 1995

- *Congrès archéologique de France. Franche-Comté,* Paris, Société Française d'Archéologie, 1960

- *Éclats d'Histoire : dix ans d'Archéologie en Franche-Comté, 25000 ans d'héritage*, ouvrage collectif, Besançon, Cêtre, 1995
  Textes de : Jean-Luc MORDEFROID et Sébastien BULLY, *Prieuré Saint-Vincent d'Ilay*, p. 356-360
  Christian SAPIN, - *Les églises aussi ont une histoire* ; p. 361 - 362
  - *Les cryptes de Saint-Lothain et Saint-Désiré de Lons-le-Saunier* ; p.366-369
  - *L'église de Saint -Hymetière* ; p. 370-371
  - *L'abbatiale de Gigny* ; p. 372-373

- Roland FIÉTIER et Claude-Isabelle BRELOT dir., *Histoire de la Franche-Comté,* Toulouse, Privat, 1977, réed. 1985

- Pierre LACROIX, *Églises jurassiennes. Romanes et gothiques,* Besançon, Cêtre, 1981

- René LOCATELLI, *Sur les chemins de la perfection. Moines et chanoines dans le diocèse de Besançon vers 1060-1220,* Saint-Etienne, Université Jean Monnet/ C.E.R.C.O.R., Travaux et Recherches II, 1992

- Gérard MOYSE, *Les origines du monachisme dans le diocèse de Besançon (V^e - Xe siècle),* dans *Bibliothèque de l'École des Chartes,* 1973

- René TOURNIER, *Les églises comtoises, leur architecture des origines au XVIIIe siècle,* Paris, Picard, 1954

- René TOURNIER, Willibald SAUERLÄNDER, Raymond OURSEL, *Franche-Comté romane,* La Pierre-qui-Vire, coll. Zodiaque, 1979

- Eliane VERGNOLLE, *L'art roman en France. Architecture. Sculpture. Peinture,* Paris, Flammarion, 1994 réed. 1998

- Bernard de VREGILLE, *Hugues de Salins. Archevêque de Besançon, 1031-1066,* Besançon, Cêtre, 1981

© et diffusion
Centre Jurassien du Patrimoine
Musée d'Archéologie - 25 rue Richebourg
39000 Lons-le-Saunier

Réalisation graphique :
L'Architecture Graphique et Pierre Viellet.
Photogravure et Plans : l'Architecture Graphique

Deuxième édition
Achevé d'imprimer sur les presses de Néo-Typo
à Besançon le 3 juillet deux mille un
jour de la saint Thomas.